RESUMEN

Esta es la historia de Laura, una madre que está decidida a ofrecer un mejor futuro para su hija Ara.

Laura entiende que lo que hoy se ve, no es lo que se verá mañana.

Los padres de Laura le enseñaron muchas habilidades valiosas, como la importancia de la educación y la dedicación. Pero para lo que Laura no estaba preparada es la transición entre el querer y el tener. La habilidad para unir estos dos se llama **EDUCACION FINANCIERA**.

Este libro explicará la administración del dinero en términos amigables para los niños, para aquellos padres que estén interesados en preparar a sus hijos para el éxito. Porque, por muy valioso que sea enseñar a sus hijos a leer y escribir, igualmente de valioso es enseñarles el valor del dinero.

¿QUÉ ES LA EDUCACIÓN FINANCIERA?

La educación financiera es la capacidad de comprender que las decisiones que tome hoy con su dinero tendrán un efecto positivo o negativo en su vida para las generaciones venideras. Es la diferencia entre pobreza y libertad financiera.

ÍNDICE

En este libro analizaremos tres conceptos de administración del dinero, que son la base de la educación financiera. Y la historia de este libro cubrirá los tres conceptos:

1. Presupuesto
2. Ahorros
3. Inversión

Mientras lee este libro, motive a sus hijos, que son lectores emergentes, a encontrar el patrón del libro, a leerlo en voz alta y ponerlo en práctica.

Mi hija ha crecido. Necesita un suéter nuevo. El que tiene ya le queda pequeño.

Ara, vayamos a la tienda a comprar un suéter nuevo.

STORE
Hmm ... me pregunto cuánto costaría un suéter nuevo.
¿Voy a conseguir un juguete nuevo?
Open

Shoes
Clothes
Toys
Mamá, mamá, ¿puedo tener este juguete, por favor?
¿Cuánto cuesta Ara?
$5 mamá
Hoy, Mamá no tiene dinero para un juguete

¿Tienes dinero para comprar el juguete?
Price
5.00
No, no tengo dinero; sabes que no tengo dinero

Price
5.00
Mami solo tiene suficiente dinero para comprarte un suéter, porque te mantendrá abrigada para que no te enfermes. ¿Te gusta enfermarte, Ara?
No mamá, no me gusta enfermarme. Porque cuando estoy enferma no puedo jugar

Bueno, por eso necesitas un suéter. Tu juguete puede esperar, porque puedes jugar con tus otros juguetes
Vayamos a casa y hagamos un presupuesto para comprar el juguete.

Price
5.00
Nuevo jugete
Price
5.00
presupuesto
Plan de presupuesto
PENNY
NICKELS
DIMES
QUARTERS
$1

Plan de presupuesto

se necesita:

1. 

= presupuesto

2.  = inversión

3. 

= cuentas bancarias

MUY IMPORTANTE

Lección I

Si Laura compra el juguete para Ara, será otro juguete en su colección de juguetes y, eventualmente, a medida que crezca, su mente solo pensará en consumir no tanto en producir, lo que la llevará a vivir a crédito y agobiada por las deudas. Hoy empieza con juguetes, y mañana habrá autos y ropa que realmente no puede pagar.

Lección II

Si Ara tiene que trabajar para comprar su juguete, no será otro juguete; será su juguete, lo que significa que lo valorará más, aprendiendo lo siguiente:

Ética de trabajo: Es difícil ganar dinero

La paciencia: Se necesita tiempo y disciplina para tener éxito

Presupuesto: planificar cuidadosamente qué hacer con el dinero que ganas

Ahorro: Debes trabajar para ganar dinero

Debes presupuestar para ahorrar dinero

Debes tener paciencia para que tus ahorros crezcan

Debes ahorrar para invertir

De acuerdo, necesitas un trabajo para ganar dinero. Necesitas dinero para invertir en tu juguete. Mami te dará trabajo. Cada vez que ganes dinero, lo guardarás en tu cuenta bancaria.
Mami, ¿qué es una cuenta bancaria?
Plan de presupuesto
Nuevo jugete
NICKELS
DIMES
QUARTERS

Una cuenta bancaria es donde guardas tu dinero, para que puedas comprar tu juguete.
De acuerdo, mami
¡Con esfuerzo, puedes invertir en tu juguete y ser responsable!
Plan de presupuesto
Price
5.00
Nuevo jugete
presupuesto
NICKELS
DIMES
QUARTERS
$1

Padre: elija las tareas que crea que son mejores para su familia.

1. ______________________________ (25 cents)

2. ______________________________ (10 cents)

3. ______________________________ (5 cents)

4. ______________________________ (1 penny)

Padres: Escriban una promesa que incluya las responsabilidades y la cantidad que ganarán. Asegúrese de que ambos firmen la promesa para que sea legítima. Al hacer esta promesa, usted está preparando a sus hijos para que comprendan el valor de comprometerse con una promesa, que es hacer que las personas sean responsables por sus palabras.

MUY IMPORTANTE.

Utilice conceptos como Penney, Nickel, Dime, Quarter, promesa, depósitos, cuenta bancaria, ahorro e inversión.

Al usar esos términos, está cultivando la cultura del dinero en el vocabulario de sus hijos.

Cada semana, contaremos el dinero que ingresas en tu cuenta bancaria. Debes ahorrar $ 8 dólares para gastar $ 5, porque siempre debes gastar menos de lo que ahorras. Una vez que ahorres $ 8, tomaremos $ 5 para ir a la tienda a comprar tu juguete y ahorrar $ 3 para tu próxima inversión. ¿De acuerdo?
Ok mamá
Plan de presupuesto
Price
5.00
QUARTERS
DIMES

Tu arduo y honesto trabajo te ha permitido ahorrar 8$ $5 para invertir en el juguete que deseas y $3 para ahorrar
Plan puesto
jugete $5
ahorros $3
PENNYS
DIMES

STORE
¿Estás contenta?
Open
Si mamá, estoy muy contenta

STORE
Open

Gracias mami. ¡Lo hice! ¡Compré mi propio juguete!

¡Si! Pero no solo compraste tu propio juguete. ¡Hiciste mucho más!
✓ Estableciste una meta de invertir en tu juguete.
✓ Hiciste un presupuesto para ahorrar para tu juguete
✓ Ganaste dinero trabajando
✓ Trabajaste inteligentemente al ahorrar dinero para comprar tu juguete.
¡Hiciste un gran trabajo!

LECCIÓN DE VALOR:

Si usted compra juguetes para sus hijos, nunca tendrán suficientes juguetes, ya que cada juguete será fácilmente reemplazado y poco valorado.

Si hace que sus hijos trabajen por sus juguetes, cada juguete será irremplazable, porque tienen que trabajar y esforzarse para ganárselo. Como tal, asociarán cada juguete con esfuerzo, dedicación y paciencia.

Comenzarán a aprender a presupuestar, ahorrar e invertir. A medida que crezcan, será más fácil comprender conceptos como intereses, ahorro e inversiónes; comprenderán los conceptos de Wall Street y los seguros, lo que lo convertirá en el fin del desconocimiento financiero.

DEDICACIÓN

Detrás de cada historia de éxito, hay una madre. Nos cargaron durante nueve meses, arriesgaron la vida al darnos a luz y pasaron noches sin dormir cuidándonos. Si alguien merece reconocimiento, sería una madre; son las primeras en la vida de cada niño. Pero a medida que crecemos, se convierten en las últimas.

A continuación les comparto algunas de las madres más admirables de mi vida:

Milagrosa Saka: ¿Qué podría yo decir que justificara las noches de insomnio, corazones rotos, dolores de cabeza, dolor, soledad y mucho más que mi madre tuvo que soportar como madre soltera criando 6 hijos?

Maríaclara Mur: Su incansable trabajo y amor por ayudar a los inmigrantes a integrarse con éxito en la sociedad y la cultura estadounidenses fue una gran fuente de inspiración para este libro.

Mirza Torovich: Una mujer con un corazón tan grande que innumerables personas necesitadas han sentido su naturaleza generosa y amorosa.

Celine Valensi: Una mujer excepcional y una de las personas más inteligentes que he conocido y admirado en mi vida.

Made in the USA
Las Vegas, NV
07 November 2026

57669932R00019